REMONTRANCE

AU

CONSEIL DE SURVEILLANCE

DE LA CENSURE.

REMONTRANCE

AU

CONSEIL DE SURVEILLANCE

DE LA CENSURE.

Discite justitiam moniti....

PARIS,

A. PIHAN DELAFOREST,

IMP. DE MONSIEUR LE DAUPHIN ET DE LA COUR DE CASSATION ;
rue des Noyers, n° 37.

1827.

Le Ministre ;
Un Homme de trop ;
Un Français aussi au ministère ;
La Pairie ;
La Censure.

On est tellement enclin à envisager les choses sous le rapport de l'intérêt personnel, qu'il s'est établi en principe, en axiome même, que l'appel ou le recours aux autorités supérieures, n'était concédé par la loi que pour sa propre défense, et ne constituait qu'un droit dont on peut, suivant sa volonté, faire ou ne pas faire usage.

Tandis qu'au contraire, soit qu'on considère l'homme comme un être moral jouissant du libre arbitre, ou comme un être social soumis à certaines conditions, il est vrai de dire que l'appel ou le recours d'un premier jugement, lui est conféré en vue du bien public, et constitue un devoir qu'il est tenu de remplir, sans que l'intérêt l'y détermine, quand même l'intérêt serait compromis.

Car c'est un accident de l'ordre des infiniment petits, qu'à l'égard de tel fait ou de tel être, justice soit ou ne soit pas faite; et c'est un évènement de l'ordre des infiniment grands, en faisant abstraction de tout fait et de tout être, en tenant compte seulement des conséquences morales, que justice soit ou ne soit pas faite.

Je viens donc accomplir un devoir en recourant au Conseil de surveillance, et je m'attends à recevoir ses remercîmens, pour lui avoir donné connaissance du grief le plus révoltant, pour lui avoir fourni l'occasion d'accomplir aussi, un devoir.

Sans doute le ministre aura réussi à persuader aux membres du Conseil que les circonstances graves mentionnées dans la loi de 1822, étaient survenues, puisqu'ils ont consenti à couvrir de leur nom, à protéger de leur influence, à favoriser de leur participation, la censure renouvelée de 1824; de sorte qu'en s'adressant à eux, il faut se prêter à supposer la réalité de ces circonstances graves.

Et ce serait perdre son temps et sa peine, d'observer que si telles circonstances doivent légitimer la censure, telles autres circonstances peuvent nécessiter la liberté entière : attendu que la perte des Etats a été causée aussi et plus souvent par les excès du pouvoir ministériel, que par les écarts de l'opinion populaire.

Mais du moins les *circonstances graves*, en quelque façon qu'il plaise de les représenter, portent un caractère précis et restreint; et les mesures prises en conséquence, ont à s'exercer dans un certain sens, sous certaines limites.

En thèse générale, la censure ne doit jamais

être appelée qu'à prévenir les sortes de délits que l'art mettrait à l'abri de l'action de la justice, ou dont l'effet aurait son cours avant l'action de la justice.

Là, finit l'arbitraire accordé en faveur de l'Etat, lequel se refuse à entraver la discussion des projets législatifs et administratifs.

Au-delà commence l'arbitraire détourné au profit des ministres, lequel est souvent tenté de prohiber toute discussion, mais seulement à l'égard des projets qui sont déja conçus par eux, qui sont prêts à paraître au jour.

Or, en traitant de l'institution de la pairie, nul écrit ne peut se rencontrer sous le coup de l'arbitraire accordé en faveur de l'Etat.

Et de plus, tout écrit sur cette matière étant inoffensif, quant aux personnes, ne devrait pas tomber sous la massue de l'arbitraire détourné au profit des ministres.

Aussi, à l'égard de mon écrit sur la pairie, la sécurité était si parfaite, que deux journaux qui ne courent pas après le remplissage, qui ne s'amusent pas à braver la censure, lui ont consacré un long extrait.

Comment leur attente a-t-elle été trompée? c'est évidemment parce que le ministre prétend créer un nombre démesuré de pairs de France, et n'entend pas que le simple bon sens, que le royalisme désintéressé, osent parler à ce sujet.

Voilà bien de l'arbitraire au profit et au bon plaisir de l'être ministériel, en même temps qu'au détriment de la couronne et des peuples; voilà bien du despotisme, de la tyrannie, à la manière dont certaines gens sont capables d'en faire.

Maintenant la question se borne à savoir s'il existe un Conseil de surveillance de la censure, dont il est dit, dans les colonnes du *Moniteur*, que trois pairs, trois députés, trois magistrats, le composent.

Nous verrons bien; car, le cas advenant, les *Débats* et la *Quotidienne* vont recevoir à l'instant même, l'autorisation de publier les articles raturés, et s'il se pouvait que quelque pouvoir se jetât à la traverse, alors les pairs, députés, magistrats, aviseraient.

« En France, nous sommes si neufs : il étonne peu que des cœurs honnêtes se soient laissés séduire par l'espérance flatteuse de régulariser, de moraliser la censure.

« S'ils réussissent, il y aura à se glorifier; s'ils échouent, il n'y aura qu'à se retirer. » (*La Censure*, page 36.)

Paris, 22 juillet 1827.

D. L. G.

Articles projetés et supprimés de la QUOTIDIENNE *du 20 et des* DÉBATS *du 21 juillet.*

QUOTIDIENNE.

DE LA PAIRIE.

C'est une grave question que celle de la pairie. Après une révolution qui n'a laissé debout aucune institution, qui n'a respecté aucun droit, il est certain que rien n'est plus difficile que la création d'un corps véritablement aristocratique, chargé de défendre le trône et les libertés du pays. Sorte de magistrature héréditaire, la pairie a besoin de la main du temps pour se consolider. Tous les efforts du gouvernement doivent tendre à relever la consistance et les prérogatives de la chambre haute. Si elle fut quelquefois un obstacle aux projets de l'administration, elle est destinée à devenir une sorte de bouclier pour défendre les prérogatives de la couronne, si jamais on y portait atteinte.

De là résulte que tout ce qui pourrait tendre à déconsidérer la pairie serait un acte évidemment anti-monarchique, et dans cette catégorie nous devons comprendre les créations de pairs en masse, qui ne font plus de l'institution d'une pairie nouvelle une récompense nationale pour les grands services, mais une sorte de mesure de simple administration. Nous sommes heureux de nous rencontrer dans ces idées avec une brochure infiniment remarquable de M. de la Gervaisais, qui vient de paraître sous ce titre : *De la Pairie.* L'auteur y développe, avec cette sagacité ingénieuse qui le caractérise, les grands principes de la matière.

« Il est, dit-il, des vérités éternelles, universelles, lesquelles étant intimes à chaque homme, étant communes à tous les hommes, constituent la vérité de race, la vérité propre à l'humanité, et forment le fonds du sens commun. L'évidence ne peut se démontrer, dit la sagesse des nations.

« Dans l'ordre politique, il dérive de ce fonds du sens commun, des coutumes, des usages, des habitudes qui se retrouvent constamment dans toutes les sections de la société générale, à moins que la violence ne soit venue à la traverse. Et notez bien ce point : tant que la règle naturelle est observée, on ne songe pas à la mettre en écrit, à la faire passer sous le seing; mais aussitôt que les exceptions sont établies, on n'en finit plus à les rédiger à la plume, à les proclamer sur les toits, à les appuyer par la contrainte.

« Ainsi, ce sont des sous-entendus unanimes, auxquels il n'est attaché aucun texte qui se prête aux interprétations sophistiques et dont l'esprit est saisi, est entendu dans le même sens par toutes les consciences, qui composent le corps du droit social.

« Et parce que quelque article qui en fait partie n'a jamais subi l'épreuve de la discussion, n'a jamais été résolu par une délibération en due forme, enfin n'a pas été inscrit sur les tables de la loi, au lieu d'oser en induire que cet article n'est pas obligatoire, il faut plutôt conclure que sa prescription est d'ordre primitif, d'ordre immuable.

« Le sens commun s'adresse d'une voix si claire et si forte aux consciences qu'il dédaigne le plus souvent de s'exprimer par des signes matériels aux intelligences.

« Dans les temps anciens, bien que le Code n'infligeât pas de punition, n'imposât pas même de prohibition à l'acte du parricide, nul n'a tenté d'en soutenir la légitimité, la légalité. De nos jours, bien que la Charte ne s'explique nullement à l'égard de la dynastie, de la loi salique, de l'indivisibilité du royaume, nul ne s'est permis de supposer que ces maximes fondamentales eussent perdu de leur autorité.

« De même, bien que la Charte n'ait pas spécifié minutieusement que le nombre des pairs s'arrêterait à telle ou telle limite, que le choix des pairs s'effectuerait sous telles ou telles conditions, on n'est pas en droit de prétendre que le nombre est indéfini, que le choix est arbitraire.

« Si la Charte a gardé le silence, c'est qu'une tradition immémoriale consacrait le mode de nomination à la pairie aussi manifestement que le mode de succession dans la dynastie; c'est que l'invention, l'institution de la pairie porte en elle-même et ses limites et ses conditions : la fin commande les moyens. Il n'y a point de degrés dans l'absurde : la chambre haute est aussi mal appropriée à contenir un monde de pairs que le trône à soutenir deux rois.

« La Chambre est destinée à protéger les libertés, à défendre la prérogative : et le grand nombre, le faux choix tueraient sa puissance. La Chambre est appelée à concourir aux lois, à surveiller le ministère; et, dans une cohue, dans une tourbe amassée au hasard, la sagesse est méprisée, la justice est méconnue.

« Le rapprochement de quelques articles de la Charte vient à l'appui de ces considérations générales.

« Toute loi doit être discutée et votée librement par la majorité de chacune des deux Chambres (art. 18). »

« Or, ce ne serait plus la majorité qui voterait, si, à l'occasion d'un projet favori, elle était brisée par la nomination de nouveaux membres; si le ministre venait, par l'intermédiaire de certaines mains, jeter des boules blanches dans l'urne du scrutin.

« Il n'y aurait plus de liberté dans les votes, si les pairs, constamment sous le coup des menaces, devaient se laisser aller à adopter des lois répugnantes, dans la crainte que leur titre personnel ne fût avili, ou que le salut public ne fût compromis par quelque introduction frauduleuse.

« La Chambre des pairs connaît des crimes de haute tra-
« hison.... La Chambre des pairs a seule le droit de juger
« les ministres (articles 33 et 55.) »

« Sous l'empire de la prudence ministérielle, il faudrait transporter ces pouvoirs à un autre corps qui fût inamovible et inaltérable. Le plus mince tribunal, investi de ce double privilège, ferait mieux justice que la cour la plus haute, où le prévenu institue lui-même ses juges; et jusque-là, tout ministre, après s'être rendu coupable de trahison ou de concussion, sera certain de sortir de l'épreuve, blanc comme neige, à la charge seulement de commettre une nouvelle forfaiture.

« Hélas ! la Charte trop innocente, trop éloignée d'atteindre à la hauteur du siècle, n'avait pas prévu que des ministres constitutionnels, d'autant plus impatiens sous le frein qui leur est imposé, laisseraient tellement en arrière les ministres du roi absolu ; car il n'y a pas d'exemple que, pour le profit d'un édit, pour le salut d'un secrétaire d'état, des conseillers de chambre ou des pairs de France aient été surajoutés à la cour du parlement.

« La Charte s'arrêtant trop aux données qui sont fournies par l'Angleterre, n'avait pas supposé que son œuvre, à peine ébauchée, serait exécutée à contre-sens du modèle ; qu'en dix années, l'enfantement des pairs s'élèverait au même chiffre que pendant cinq cents ans ; enfin que l'agrément d'en créer selon le besoin passerait en usage à Paris, au mépris des traditions anglaises.

« Ainsi, les articles 18, 33, 55 de la Charte, qui peut-être ne constituent pas des dispositions réglementaires, sont biffés et raturés, sont comme non avenus, sont nuls et de toute nullité, en point de fait.

« C'est-à-dire que le concours de la Chambre haute à l'œuvre législative, que son contrôle à l'égard de la politique ministérielle, n'existent plus.

« C'est-à-dire que le ministère fait les lois, au moyen de quelques ruses, de quelques douceurs envers l'autre Chambre, et que le ministère fait la loi, tant au peuple délaissé par ses élus et privé de ses patrons, qu'au Roi même, tenu dans les ténèbres et enchaîné d'un triple lien.

« C'est-à-dire qu'il n'y a plus de Charte ; car elle était toute entière dans le concours aux lois et le contrôle du pouvoir.

« L'application scandaleuse d'une ligne de l'article 27 aura suffi pour dessécher et consumer le principe vital de la Charte, pour mettre à néant ses préceptes, ses résultats, ses garanties. « La nomination des pairs de France appartient au Roi ; leur nombre est illimité ». Ainsi parle l'article.

« Ce sont des mots : quel en est le sens ? Les mots ne forment à bien dire qu'une sorte de chiffre, dont la clef est plus ou moins difficile à découvrir. L'outil du langage est si défectueux, si mal adapté à son emploi, que l'intelligence, bientôt rebutée, se borne à rendre sa pensée au simple trait ; aussi l'imagination voit dans l'esquisse jetée sur le papier tout ce qui lui plaît à voir, et ce n'est pas sans un grand travail que la raison parvient à se représenter le tableau dans toute sa vérité.

« Par malheur il n'y a pas moyen d'interroger le fondateur et les rédacteurs de la Charte, quant à l'interprétation du texte; mais avec la moindre réflexion, il est facile de se convaincre que leur pensée est complètement travestie à l'égard de l'article 27.

« L'article dit que la nomination des pairs *appartient au Roi.* C'est un droit qui n'est pas conféré, qui est réservé plutôt ; c'est un droit qui a toujours été exercé par la couronne en une certaine manière, qui sera encore exercé de la même manière, car les fins qu'on doit accomplir, les motifs qu'on doit apprécier, restent identiques. Et chacun sait quel scrupule était porté dans l'ancien régime, quant à l'investiture de la pairie.

« Les articles de la Charte ont été combinés, coordonnés dans l'esprit créateur, en telle sorte qu'ils s'expliquent ou plutôt s'expriment l'un par l'autre. L'organisation des deux Chambres étant diamétralement contrastante, il devait y avoir opposition entre leurs bases respectives. Ainsi, suivant l'article 27, les pairs sont nommés par le Roi, et d'après l'article 35, les députés sont élus par les colléges : ainsi le nombre des pairs est illimité, et le nombre des députés reste comme il était.

« C'est relativement et comparativement avec le nombre fixe des députés que le nombre des pairs est illimité, car en prétendant saisir cette phrase dans le sens absolu, on arriverait à l'absurde.

« Encore la Charte ne s'est-elle pas reposée aveuglément, ni sur la tradition des exemples monarchiques, ni sur les obligations de l'ordre constitutionnel. Si le respect pour la couronne a dû l'empêcher d'énoncer une restriction précise, son intention n'a pas craint de se manifester clairement.

« En effet, quand l'article 27 a déclaré que le Roi peut varier les dignités des pairs, les nommer à vie ou les rendre héréditaires, l'article ajoute aussitôt : *selon sa volonté*. Mais après avoir établi que les pairs sont nommés par le Roi et que leur nombre est illimité, l'article se garde bien d'employer la même formule. Or, ces mots sont significatifs : c'est selon sa volonté, suivant son opinion, d'après son idée, expressions à peu près synonymes, que le Roi ou plutôt le ministère est autorisé à faire usage de la prérogative, sous le premier rapport, attendu que cette usage doit servir, doit suffire au maintien de l'influence de la couronne, sans que l'abus même puisse compromettre le salut de l'Etat.

« L'article 71 porte une nouvelle lumière sur le vrai sens du dictionnaire de la Charte. *Le Roi fait des nobles à volonté.* Est-ce assez marquant, assez frappant ? Le Roi fait. — Un trait de plume suffit. — Le Roi fait à volonté. — Des rames de papier sont sous sa main. Et cela devait être ainsi; car cette faveur est souvent utile, jamais nuisible.

« *A volonté* dit plus encore que *selon sa volonté.* La latitude s'étend en raison inverse du danger; et comme le danger existe au plus haut degré, quant à l'extension du nombre des pairs, ni l'un ni l'autre de ces mots n'est ajouté à la déclaration du droit. Voyez cependant quelle réserve est observée maintenant à faire des nobles, comme autrefois à faire des pairs; voyez comment le ministre, convaincu du principe de la dégradation des dignités, vient ainsi reconnaître qu'un lâche intérêt serait seul capable d'induire à violer la Charte, à trahir la couronne, à perdre l'Etat.

DÉBATS.

Dans une de ces utiles brochures qui suppléent au silence des écrits périodiques, un des plus zélés serviteurs du Roi et de la Charte, M. de la Gervaisais vient de discuter une grave et décisive question, dont la solution touche à l'honneur de la couronne, à la dignité de la Chambre des Pairs, au maintien des libertés publiques, et, il faut le dire, à la sûreté personnelle du ministère. On a parlé depuis quelque temps d'un projet d'augmenter démesurément la Chambre des Pairs, et d'y introduire, dans un but qui n'aurait rien d'équivoque, un grand nombre de nouveaux membres. On a supposé que la reconnaissance engagerait des élus aussi facilement improvisés à favoriser de leurs votes des projets qui n'auraient pas l'assentiment de la majorité actuelle de la Chambre, et que par là cette majorité se trouverait détruite ou entièrement déplacée. On a été jusqu'à dire que les nominations à la première dignité du royaume, seraient la récompense d'engagemens positifs contractés d'avance au profit des ministres; et, qu'ainsi, par l'influence assurée des dépositaires responsables de l'autorité sur le pouvoir que la Charte constitue juge de leurs actes, cette responsabilité deviendrait complètement illusoire.

Ces bruits ont circulé; c'est un fait incontestable. Il est juste d'ajouter que malgré l'espèce de consistance qu'ils ont acquise, aucun journal ministériel n'a pris soin de les démentir. Ce n'est donc encore qu'une hypothèse : soit; mais enfin cette hypothèse n'est pas tellement dénuée de vraisemblance, qu'il ne soit bon d'aller au devant du moment où elle pourrait devenir une triste et fatale réalité. C'est ce motif honorable qui a engagé M. le marquis de la Gervaisais à prendre la plume et à publier la brochure qu'il a intitulée simplement LA PAIRIE.

Son épigraphe est on ne peut mieux choisie; l'auteur l'a empruntée à un discours prononcé dans la dernière session par un noble pair, M. le marquis de Lally, séance du 20 juin. Nous aimons à la reproduire textuellement : « Quant à l'inondation de nouveaux pairs, sans doute elle « serait un grand malheur pour l'État, mais elle serait en

« même temps un tel acte de folie, qu'on ne peut suppo-
« ser un pareil dessein. »

Entendons actuellement M. le marquis de la Gervaisais :

« Toutes les fois qu'une nomination de pairs ne paraît pas motivée par des causes légitimes, chaque fois qu'un ou plusieurs noms ne semblent pas indiqués par le mérite et les services, dans la même proportion que s'attache la défaveur aux intrus de l'arbitraire, la faveur se détache du corps qui garde le palladium de nos destinées.

« Le Roi absolu ne pouvait créer un gentilhomme, ne pouvait investir du renom et du crédit : et vous entendez que le contre-seing du ministre, au bas de quelque parchemin, peut-être moisi, ou de quelque papier trop sale, sera capable d'imposer le caractère d'une magistrature toute morale.

« Le Tout-Puissant même ne peut faire qu'il se soit écoulé un siècle depuis les derniers douze mois : et vous entendez que ces existences, soudainement émises à la lumière et jetées sur les fleurs de lis, prendront aussitôt du poids...

« Il n'y a pas loin, s'écrie un journal anglais, dont les
« craintes sont moins motivées, de la dégradation de la
« pairie à la dégradation de la royauté. »

M. de la Gervaisais répond victorieusement à l'argument qu'on pouvait tirer de l'article 27 de la Charte, portant que le nombre des pairs est *illimité ;* et il prouve jusqu'à l'évidence que ce mot *illimité* doit être lui-même entendu dans des limites fixées par le bon sens, par la dignité de la pairie, par l'intérêt du trône, par les articles corrélatifs de la loi fondamentale.

« Le sens commun s'adresse, etc..... (*Ici on ne répétera pas ce passage, déja cité par la Quotidienne.*)

M. de la Gervaisais termine son intéressant ouvrage par des considérations générales qui en sont comme le résumé, et qui ne peuvent être trop méditées par les publicistes, par les membres des deux Chambres, par tous les Français jaloux de conserver les droits précieux qu'ils tiennent de la Charte, droits qui seraient pour jamais anéantis, si le projet désastreux, combattu par l'auteur, venait à se réaliser.

« En thèse générale, la pairie, le corps aristocratique, n'ayant que des privilèges à perdre, et n'étant point appelé à saisir le pouvoir, se refuse à troubler l'Etat, à renverser l'ordre légal.

« En France, la pairie ne possédant point d'intérêts en rivalité, n'aspirant qu'à fonder son autorité morale, se prête à améliorer, à seconder les vues de bien public.

« En France, où les institutions ne sont pas consolidées, l'avantage de faire passer les lois les plus utiles, devraient encore céder à la nécessité de laisser prendre à la pairie un ascendant tutélaire.

« D'où il suit que toute nomination de pairs, au-delà d'un certain nombre, ne pouvant être suscitée que par l'ambition personnelle, constituerait deux attentats capitaux, le crime de haute trahison envers le Roi, le crime de forfaiture contre la charte.

« Et le double délit entraînerait les conséquences les plus fatales.

« Le choix des pairs, parmi les évêques, donnerait à

croire que le sacerdoce s'est rendu tributaire des ministres, ferait retomber sur la religion tant de haines, tant de vengeances amassées contre eux.

« Le choix des pairs parmi les députés décèlerait à quel prix les ministres se sont approprié la jouissance de la majorité, dénoncerait vers quelles fins ils traîneraient la patrie épouvantée, au moyen des mêmes manœuvres.

« Tellement qu'un pareil complot ne peut se tramer, si l'honneur n'est perdu, si l'existence n'est compromise. »

A. PIHAN DELAFOREST,

Imprimeur de Monsieur le Dauphin et de la Cour de Cassation,

rue des Noyers, n° 37.

www.ingramcontent.com/pod-product-compliance
Lightning Source LLC
LaVergne TN
LVHW010018230826
846092LV00002B/884
* 9 7 8 2 3 2 9 4 7 1 9 9 0 *